AF335748

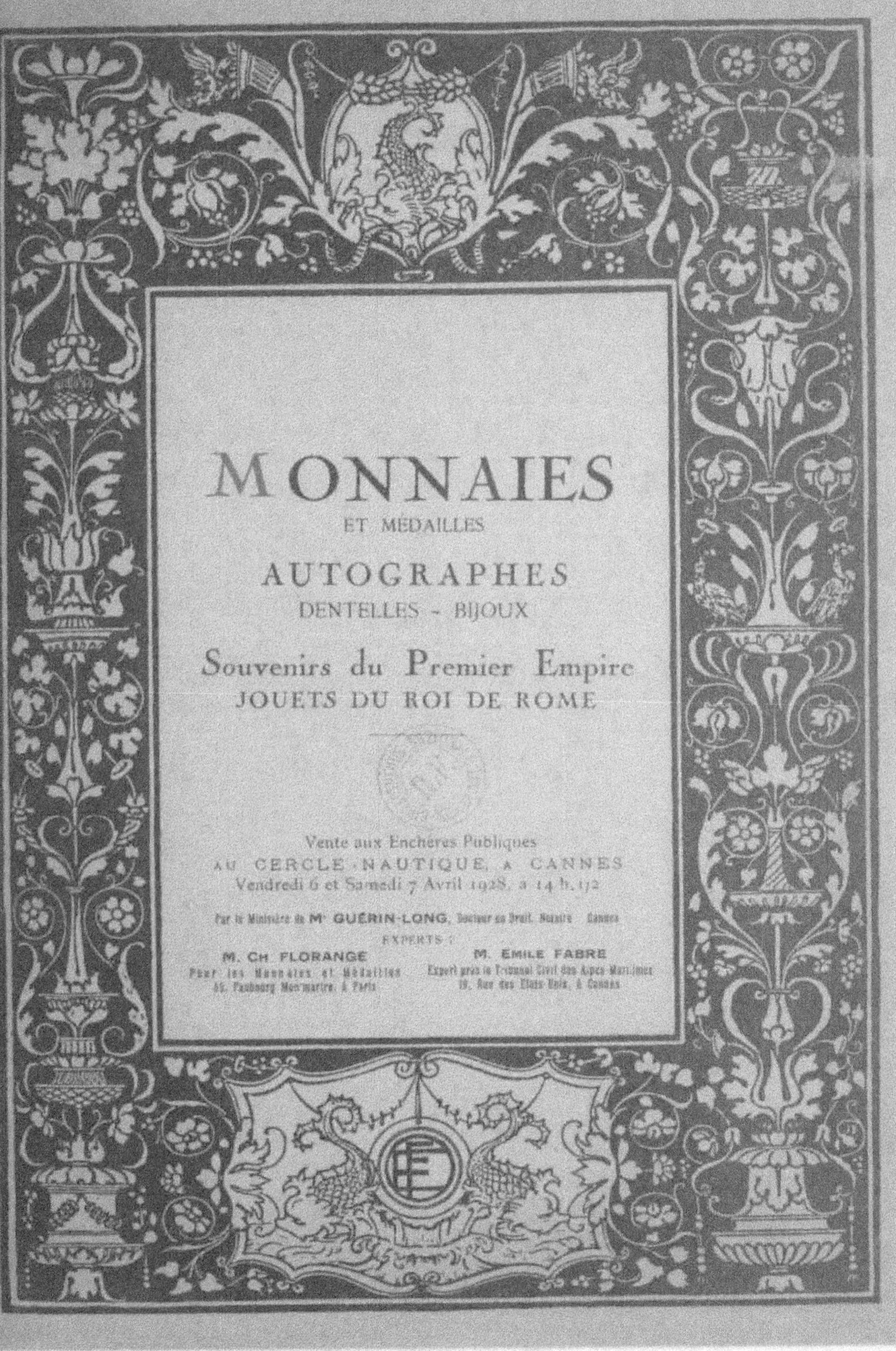

MONNAIES
ET MÉDAILLES

AUTOGRAPHES
DENTELLES - BIJOUX

Souvenirs du Premier Empire
JOUETS DU ROI DE ROME

Vente aux Enchères Publiques
AU CERCLE NAUTIQUE, A CANNES
Vendredi 6 et Samedi 7 Avril 1928, à 14 h. 1/2

Par le Ministère de Mᵉ GUÉRIN-LONG, Docteur en Droit, Notaire à Cannes
EXPERTS :

M. CH FLORANGE
Pour les Monnaies et Médailles
65, Faubourg Montmartre, à Paris

M. EMILE FABRE
Expert près le Tribunal Civil des Alpes-Maritimes
19, Rue des Etats-Unis, à Cannes

MONNAIES & MÉDAILLES

AUTOGRAPHES

de WALTER SCOTT, LAMARTINE, BALLANCHE, SAINTE-BEUVE, JEAN-JACQUES AMPÈRE, LA FAYETTE

DENTELLES - BIJOUX

OBJETS DE VITRINE

SOUVENIRS DU PREMIER EMPIRE

Jouets du Roi de Rome

CONDITIONS DE LA VENTE

Elle sera faite au comptant.

Les acquéreurs paieront **19,50** % en sus des enchères.

Les paiements devront être effectués en espèces ou par chèques payables à CANNES.

L'expert, dans l'intérêt de la vente, se réserve la faculté de réunir ou de diviser les lots. Il assistera à l'Exposition et se tiendra à la disposition de MM. les Amateurs qui auraient un renseignement à lui demander ou des ordres d'achat à lui confier.

Une exposition publique permettant aux Amateurs de se rendre compte de l'état et de la nature des objets, aucune réclamation ne sera admise une fois l'adjudication prononcée.

ORDRE DES VACATIONS

CATALOGUE

MONNAIES & MÉDAILLES

Monnaies antiques, françaises et étrangères

AUTOGRAPHES

Poèmes et lettres de WALTER SCOTT, LAMARTINE, BALLANCHE, SAINTE-BEUVE,
JEAN-JACQUES AMPÈRE, LA FAYETTE

DENTELLES ANCIENNES

XVIIIe et XIXe siècle

Point à l'aiguille, point de Valenciennes, point des Vosges, point des Flandres,
point d'Angleterre, point de Venise, point de Bruxelles

BIJOUX ET OBJETS DE VITRINE

JOUETS DU ROI DE ROME

SOUVENIRS DU PREMIER EMPIRE

Boîte en or ciselé avec miniature de *Saint*, offerte par Joséphine à M. Ballouhey

Ivoire attribué à *Canova*, offert en 1802 par Bonaparte, Premier Consul,
à Ramolino, héritier de la Maison de Napoléon

DONT LA VENTE AUX ENCHÈRES PUBLIQUES AURA LIEU

AU CERCLE NAUTIQUE à CANNES (A.-M.)

Les Vendredi 6 et Samedi 7 Avril 1928, à 14 heures 1/2

Par le Ministère de Me GUERIN-LONG, DOCTEUR EN DROIT, NOTAIRE à Cannes

EXPERTS :

M. Ch. FLORANGE	**M. Emile FABRE**
POUR LES MONNAIES ET MÉDAILLES	EXPERT PRÈS LE TRIBUNAL CIVIL DES ALPES-Mmes
55, Faubourg Montmartre, à Paris	19, Rue des Etats-Unis, à Cannes

EXPOSITION PARTICULIÈRE

au **CERCLE NAUTIQUE**, à **CANNES**

Le Mercredi 4 Avril 1928, de 14 heures à 19 heures

EXPOSITION PUBLIQUE

Le Jeudi 5 Avril 1928, de 10 heures à 19 heures

EXPOSITION DES MONNAIES ET MÉDAILLES

à **PARIS**,

chez **M. Ch. FLORANGE**, 55, Faubourg Montmartre

du 24 Mars au 1er Avril 1928

PRÉFACE

Quelques feuilles jaunies où courent de fines écritures... un tout petit paquet sorti de l'ombre d'un coffret, voilà ce que M. Fabre va livrer aux enchères publiques, avec d'autres objets précieux.

Sur un large papier bleu lavé cet autographe de Walter Scott, et dans leur prison de verre, ces autographes de La Fayette, susciteront bien des curiosités.

Mais plus émouvantes dans leur intimité m'ont paru les lettres inédites de Sainte-Beuve, de Lamartine, de Ballanche, de Jean-Jacques Ampère. Je pense qu'elles seront encore plus recherchées. Elles s'adressent à de Jussieu, Antoine Laurent de Jussieu — Neveu — comme l'écrit Lamartine, et plus souvent à Mme de Jussieu; âme douce, femme de foyer, amie intelligente et accueillante. Dans les billets de Sainte-Beuve qui sont pour la plupart des lettres de recommandation, des réponses à des invitations à dîner, billets couverts rapidement d'une écriture fine et sensible, il y a un peu de cette délicatesse et de cette finesse qu'on retrouve chez le critique; il y a aussi la courtoisie la plus exquise envers Mme de Jussieu, en même temps qu'une affection profonde qui se voile de mélancolie. Sainte-Beuve se plaint de sa santé, de son travail trop lourd, de ses multiples obligations mondaines ; « Je suis si occupé et si plein d'ennui... ».

Quelle résonnance prennent maintenant de simples phrases comme celle-là et comme elles nous touchent dans leur humanité!

J'unirai dans le même souvenir Jean-Jacques Ampère et Ballanche, non pas seulement à cause du livre qu'Ampère écrivit sur Ballanche, mais surtout parce qu'ils aimèrent tous deux, d'un amour enthousiaste et pur, celle auprès de qui Ballanche devait reposer et qu'il précéda dans la tombe : Mme Récamier. Son doux fantôme flotte autour de leurs lettres. Jean-Jacques Ampère ne parle que d'elle, de sa santé mauvaise, il n'écrit presque que pour elle, pour inviter en son nom ou l'excuser. Ces billets complètent la correspondance d'un si haut intérêt qu'il eut avec son père et avec Mme Récamier elle-même. Ballanche se révèle ami délicat et profond, comme il fut amant passionné et discret. Il s'inquiète de Lamartine qui lui a « paru triste ». Il écrit à Mme de Jussieu qui cherche à l'attirer par la promesse de tel plat : « Croyez que je suis peu soucieux de chevreuil... on vit d'autre chose que de pain et de chevreuil... j'aurai le plaisir d'aller vous demander à dîner pour autre chose que le pain et le chevreuil. » Le ton familier de ces lettres, pleines de cœur et d'abandon, leur donne un charme très puissant, et de ce charme, longtemps encore après les avoir lues, on reste tout pénétré.

Mais pourquoi l'émotion prend-elle un caractère plus sacré de tenir dans nos mains vivantes ces feuillets à l'écriture aérienne, aux caractères allongés, qu'achève une élégante signature, une signature qui a des ailes? C'est qu'ici l'intérêt littéraire vient accroître l'intérêt humain. La pièce de vers écrite par Lamartine, de Milly, et intitulée « Souvenir » est du 10 Décembre 1815 — 7 années avant la publication des « Premières méditations » — Lamartine a 23 ans, il n'a pas encore trouvé sa voie, mais certains vers comme celui-ci :

> « ...Et dont les flots à l'abri de l'orage
> Coulaient hélas plus calmes que nos cœurs ... »

annoncent déjà « le délicieux berceur des molles somnolences » tandis qu'apparaît le rythme flottant du Lac, dans le sentiment de la fuite du temps :

> ... « L'heure s'enfuit, nous passons, le temps presse »...

Il faudra la mort « d'Elvire », deux ans après la rencontre aux eaux d'Aix, le choc de la première douleur, pour faire rendre à cette âme de cristal tous ses accents suaves — et ce sera cinq ans plus tard à peine!

Les deux premières des 5 lettres autographes datent de 1818. L'une écrite et datée de Paris, du 13 Octobre de cette année vraisemblablement. L'autre écrite et datée de Milly, du 1er Décembre 1818. Il y est longuement question de cette tragédie de Saül qui ne fut d'ailleurs jamais représentée, de l'entrevue de Lamartine et de Talma, et puis et surtout, de solitude féconde, de poésie...

Dans sa lettre du 9 Janvier 1835, Lamartine annonce son intention de défendre le traité avec l'Amérique à la Chambre.

Dans sa lettre du 29 Juillet 1839, il demande à Jussieu de l'argent, expression répétée d'un besoin qui se faisait sentir déjà pour lui en 1818, puisque sa lettre du 1er Décembre 1818, se termine par ces mots si poignants dans leur humour léger : « Je n'irai pas à Naples... Je suis sans le sol et je reste où ce mal me prend... »

Ainsi, au hasard de la pensée et suivant l'inquiétude, le besoin, le rêve, la désillusion du moment, c'est tantôt les idées politiques de l'homme d'action, tantôt la philosophie et les principes littéraires du poète qui montent de ces papiers précieux et commencent à prendre corps.

Mais je veux permettre à l'heureux acheteur les belles découvertes, et si je m'arrache à regret de la pénétrante emprise de ces âmes enveloppantes, il m'est bien agréable de remercier l'éminent expert qu'est M. Fabre de m'avoir introduit dans toute cette glorieuse intimité.

Maurice MIGNON.

MONNAIES ET MEDAILLES

MONNAIES ANTIQUES

1 — **IBERIE.** Osca. Tête barbare à dr. ℞. Cavalier à dr. Denier argent. B.

2 — **ETRURIE.** Alliance entre Populonia. Tête à dr. ℞. Marteau et tenaille. (Sambon 27.) Patine verte bronze B.

3 — **PISIDIE.** Selge (393-190). Deux lutteurs nus. K. ℞. ΣΕΛΓΕΩΝ Frondeur et triskèle. (B.M. 22). Didrachme argent. AB. !

4 — **SELEUCIDE ET PIERIE.** Buste voilé et tourelé de Tyche. ℞. Foudre posé sur un trône AI. (B.M. 22). Tétradrachme argent. T.B. !

5 — **SYRIE.** Antiochus VI Dionysos. (145-142). Tête radiée à dr. ℞. Les Dioscures. (Bab. 982 var.) Tétradrachme argent. B. !

6 — **EGYPTE.** Alexandrie. Gallien. Buste barbu à dr. ℞. Aigle tourné à g. L. Bronze. B.

7 — **ROME.** Tibère. (14-37 après J.C.). Tête laurée à dr. ℞. PONTIF MAXIM. (Cohen 15). Auréus. B.

8 — **ROME.** Faustine mère. Tête diadémée à dr. ℞. Femme debout tenant une divinité et S.C. Moyen bronze. AB.

9 — **ROME.** Antonin le Pieux. (138-161). Tête laurée à dr. ℞. LIB. III. TR.POT.COS. III. (Coh. 480). Denier argent. AB.

10 — **ROME.** Antonin le Pieux. Tête laurée à dr. ▷. Femme debout à g. Patine verte. Gr. br. B.

11 — **ROME.** Antonin le Pieux. Avers précédent. ▷. cos. III. Victoire debout à dr. tenant un bouclier sur lequel on lit victvem. Patine verte. Gr. br. B.

12 — **ROME.** Théodose. (379-395). Buste lauré à dr. ▷. concordia avgg. A l'ex. s.m.a.. Denier argent. B.

13 — **ROME.** Tessère. Buste de femme à dr. ▷. s.c. Oiseau. (Coh. 8, p. 268.12). Bronze. T B.

MONNAIES FRANÇAISES

14 — **CHARLES LE CHAUVE.** Deniers et oboles pour Melle. (8 pièces). Argent. TB.

15 — **MONNAIES à la Légende Chrétienne et au Temple.** Deniers et obole. (4 pièces). Argent. B.

16 — **PHILIPPE IV LE BEL.** Gros tournois à l'O allongé. (Hoffm. 8). Argent. B.

17 — **CLÉMENT VI. Pape.** Gros d'Avignon. Buste de face. ▷. Croix et armes viveat. (P. d'Av. 4151). Argent. Très rare. TB.

18 — **CHARLES V.** Franc à pied. (Hoffm. 2). Or. AB.

19 — **CHARLES V.** Denier du Dauphiné. (Hoffm. 17 var.). Billon. AB.

20 — **HENRI VI.** Blanc aux écus. (Hoffm. 6). Argent. B.

21 — **LOUIS XI. Dauphin.** Gros blanc à l'écu écartelé France Dauphiné (P.A. 4981). Billon. AB. (rare).

22 — **FRANÇOIS I.** Teston du Dauphiné. (2ᵉ lettre Romans). (Hoffm. 82). Argent. AB.

23 — **CHARLES IX.** Teston au buste jeune. (M) 1563. St André de Villeneuve. Argent. B.

24 — **HENRI IV.** Quart d'écu de Béarn et Navarre. 1604. Pau. (Hoffm. 82). Argent. B.

25 — **LOUIS XIII**. Quart d'écu. 1642, Poitiers. (Hoffm. 30). Argent.TB.

26 — **LOUIS XIV**. Demi écu aux palmes, 1693, Paris, (Hoffm. 141). Argent. AB.

27 — **LOUIS XV**. Petit écu de trois livres, 1750, Poitiers. (Hoffm. 58). Argent. TB.

28 — **LOUIS XVI**. Ecu aux lauriers, 1785, Bayonne (Hoffm. 11). Argent. R.

29 — **LOUIS XVI**. Autre pièce, 1775, Lille. Argent. B.

30 — **LOUIS XVI**. 24 sols,même type,1782. Paris. (Hoffm.14).Argent,B.

31 — **LOUIS XVI**. 12 sols,même type,1780.Paris. (Hoffm.15).Argent.AB.

32 — **LOUIS XVI**. Période Constitutionnelle. Ecu de six livres, 1793. Paris. (Hennin 501). Argent. AB.

33 — **LOUIS XVI**. Période Constitutionnelle. 2 sols, 1792. Paris. Métal de cloche. AB.

34 — **LOUIS XVI**. Période Constitutionnelle. Monneron de cinq sols, 1792. Cuivre FDC.

35 — **LOUIS XVI**. Période Constitutionnelle. Monneron de deux sols, 1791. Cuivre. TB.

36 — **REVOLUTION**. Ecu de six livres, 1793. Paris. (Hennin 508) Argent. B.

37 — **REVOLUTION**. Sol aux balances, 1793. Paris. Cuivre. AB.

38 — **REVOLUTION**. Cinq francs, type à l'Hercule, An V. Paris. (Hennin 799). Argent. B.

39 — **CONSULAT**. Cinq francs. Tête nue de Bonaparte à g. An XI. Paris. (1804). Argent. B.

40 — **CONSULAT**. 20 francs. Tête nue à g. An XII. Paris. (1805-1806). Argent. B.

41 — **EMPIRE**. 5 francs. Tête nue à g. An 13. Paris. (1805-1806). Argent. B.

42 — **EMPIRE**. 5 francs. Tête nue à dr. 1806. Bayonne. Argent. B.

43 — **EMPIRE**. 5 francs. Tête laurée à dr. 1809. Paris. Argent. AB

44 — **EMPIRE**. 20 francs. 1808. Paris. Or. B.

45 — **EMPIRE**. 40 francs. 1811. Paris. Or. B.

46 — **EMPIRE**. 2 francs. 1811. Paris. Argent. AB.

47 — **RESTAURATION**. Louis XVIII. 5 francs. 1814. Limoges. Argent. TB.

MONNAIES ÉTRANGÈRES

48 — **ITALIE**. Gaule subalpine. Cinq francs, an 10. Argent. AB.

49 — **ITALIE**. Lombardie, 5 lire, 1822. Milan. Argent. AB.

50 — **ITALIE**. Parme. Marie-Louise, 5 lire, 10 soldi, 5 soldi, 1815. (3 pièces). Argent. TB.

51 — **ITALIE**. Lucques (République). Écu au St Martin. 1743. Argent. AB.

52 — **ITALIE**. Sardaigne. Charles Albert. 5 lire, 1831. Argent. AB.

53 — **ITALIE**. Savoie. Victor-Emmanuel III, roi. 2 lire, 1912, 1915 et 1 lire 1913. (3 pièces). Argent. FDC.

54 — **ITALIE**. Venise. Alois Mocenigo, doge. Oselle 1722. Vermeil. TB.

55 — **ESPAGNE**. Ferdinand IV. Piastre ou 1/2 de quadruple, 1749. Or. AB.

56 — **ESPAGNE**. Isabelle II. Essai de 40 réaux, 1862. Platine. TB. (Rarissime).

57 — **GRANDE-BRETAGNE**. Essai de deux livres ou florin, 1887. Avers uniface, listel en relief. Conservation magnifique, flanc poli. Or. FDC. (Rare).

58 — **GRANDE-BRETAGNE**. La même pièce. Or. FDC. (Rare).

59 — **GRANDE-BRETAGNE**. Essai du souverain 1887. Avers listel sans listel. R. Même type. Conservation magnifique flanc poli. Or. FDC. (Rare).

60 — **HOLLANDE**. (Province). Ducat au chevalier, 1749. Or. B.

61 — **HOLLANDE**. (République batave). Ducat au chevalier, 1805. Or. TB.

62 — **HOLLANDE**. (Royaume). Ducat au chevalier, 1814. Or. TB.

63 — **HOLLANDE**. (Royaume). La même pièce. Or. TB

64 — **PORTUGAL**. Jean V. Cruzado nova, 1719. (Arasao pl 40,18) Or.B.

65 — **PORTUGAL**. Jean V. La même pièce datée 1724. (percée) Or. AB.

66 — **PORTUGAL**. Jean V. Cruzado 1731. Or. B.

67 — **PORTUGAL**. Jean V. Tres vintens 1722. (Ar. 40,13). Or. B.

68 — **PORTUGAL**. Jean V. Meio escudo 1730. (Ar. 42,34 var.). Or. AB.

69 — **PORTUGAL**. Jean V. Meio escudo 1734. (Ar.42,34 var.) Or.(usée)

70 — **PORTUGAL**. Joseph I. Peça 1777, frappée à Rio. (Ar. 44,1) Or.B.

71 — **PORTUGAL**. Marie I et Pierre III. Peça 1783. Rio. (Ar. 43,1). Or. TB.

72 — **PORTUGAL**. Marie I seule. Peça 1791. Rio. (Ar. 46,18). Or. TB.

73 — **PORTUGAL**. Jean VI. Peça 1816. Rio. (Ar. 50,10). Or. B.

74 — **PORTUGAL**. Jean VI. Peça 1824. (Ar. 52,30). Or presqu'à FDC.

75 — **PORTUGAL**. Jean VI. Meia peça 1822. (Ar. 52,31). Or presqu'à FDC.

76 — **PORTUGAL**. Michel I. Peça 1830. (Ar. 53,2). Or. FDC.

77 — **PORTUGAL**. Marie II. Peça 1835, signée Freire. (Ar. 55,11). (Rare). Or. AB.

78 — **PORTUGAL**. Pierre V. Meia Corôa ou 5000 reis 1860. (Ar. 58,2). Or. TB.

79 — **PORTUGAL**. Pierre V. 1000 reis 1855. (Ar. 58,4). Or. B.

80 — **PORTUGAL**. Pierre V. La même pièce. Or. B.

81 — **PORTUGAL.** Pierre V. La même pièce. Or. B.

82 — **PORTUGAL.** Pierre V. La même pièce. Or. B.

83 — **PORTUGAL.** Pierre V. 500 reis 1858. (Ar. 58.5). Argent. AB

84 — **PORTUGAL.** Louis I. 10.000 reis 1878, signée f.a.c. Or. B.

85 — **PORTUGAL.** Louis I. La même pièce, datée 1884. Or. B.

86 — **PORTUGAL.** Louis I. Meia corôa ou 5000 reis 1866, signé f.a.c. (Ar. 58.3). Or. B.

87 — **PORTUGAL.** Louis I. La même pièce, datée 1871. (Ar. 58.3). Or. B.

88 — **RUSSIE.** Nicolas II. Rouble 1899. Argent. FDC.

89 — **RUSSIE.** Elisabeth II. 5 kopecks 1777, pour la Moldavie. Br. AB.

90 — **TURQUIE.** Quart de livre. (Année de l'hégire 1277). Constantinople. Or. AB.

91 — **PERSE.** Ahmed shah. Touman (1287). Or. FDC.

92 — **PERSE.** Kosran I, souverain sassanide. Dirêhme. Argent. B.

93 — **ETATS-UNIS.** Californie. ¼ de dollar, 1871. Or. FDC.

MÉDAILLES

94 — **NAPOLÉON I.** Sa tête laurée à dr. ℞. Aigle tourné à dr. Or. 5 m/m. FDC.

95 — **NAPOLÉON I.** Sa tête laurée à dr. (N. signature de Neuss Jean Jacob). ℞. Aigle plannat au-dessus d'un rocher 1821. (Tr. Num. 68.2). Or. 14 m/m. FDC.

96 — **NAPOLÉON I.** Son buste à dr. Fonte de fer. 162 m/m. TB.

97 — **JOSEPHINE.** 1809. Son buste à g. (N). ℞. Femme distribuant une aumône à un infirme. (Tr. Num. 68.3). Or. 34 m/m. FDC.

98 — **EUGENE DE BEAUHARNAIS.** Son buste à g. (N). ℞. Faisceau d'armes. (Tr. Num. 68.4 — Bram. 1836). Or. 14 m/m. FDC.

99 — **HORTENSE DE BEAUHARNAIS.** Son buste à dr. (N). ℞ Tableau sur un chevalet. (Tr. Num. 68.5). Or. 14 m/m. FDC.

100 — **ALEXANDRE I DE RUSSIE.** Sa tête laurée à dr. ℞ Aigle russe. (vers 1815). Or. 6 m/m. FDC.

101 — **GEORGES IV D'ANGLETERRE.** Sa tête à dr. (J.B.M). ℞ GOOD SAVE OUR BELOWES KING, autour d'une couronne. Or. 9 m/m. FDC.

102 — **FREDERIC, DUC D'EBORAC** (Comté de York). Sa tête à dr. ℞ Légende: MVLTIS ILLE BONIS FLEBILIS OCCIDIT MON, JANVAR. 1827. Or. 8 m/m. FDC.

103 — **BERGER** (Commandant). Constantinople, 1899. Son buste à dr. Epreuve cuivre uniface, 102×80 m/m. B.

104 — **BOUILHET** (Henri), ingénieur, président de l'Union centrale des Arts décoratifs, 1910. Plaquette Br. uniface, 85×60. FDC.

105 — **BOURBON** (Louis Alex. de), comte de Toulouse et amiral de France. Bataille navale de Malaga, 1704. Br. 68 m/m. FDC.

106 — **COMTE** (Auguste), Fondateur du positivisme. Son monument à Paris, 1902. Plaquette Br. 70×50.

107 — **COOPER** (Fenimore), romancier. Sa tête à g. (David d'Angers, 1833). Fonte de fer, 154 m/m. TB.

108 — **DANEMARK** (Louise de). Exposition française d'art décoratif, Copenhague, 1909. Plaquette Br. 65×41 m/m. FDC.

109 — **FOUAD, roi d'Egypte.** Inauguration de la Grande Mosquée au Caire. Br. 72 m/m. FDC.

110 — **LYAUTEY** (Maréchal). La Renaissance du Maroc. 1912-1924. Br. 68 m/m. FDC.

111 — **MALHERBE** (François), écrivain, né à Caen. Son buste à g. Fonte de fer, 123 m/m.

112 — **PATENNE** (A.), Conseiller municipal de Paris. 25e mandat, 1910. Plaquette br. 68×45 m/m. FDC.

113 — **WILSON** (Président). Son buste de face. ℞ La France, la Belgique et l'Amérique devant Reims. Br. 68 m/m. FDC.

114 — **CONGRÈS des Bibliothécaires et des Bibliophiles.** Paris, 9 avril
1923 — La Fortune — Union des Colonies étrangères en
France en faveur des victimes de la guerre (épreuve d'ar-
tiste), 1915. Quatre médailles en B. FDC.

115 — **SOCIÉTÉ des Amis des Arts de Lyon.** 1849 — Société charitable
des hospitaliers-veilleurs, Lyon — Exposition universelle de
1900 (Chaplain) — Concours national de tir, Paris 1904.
Cinq médailles en Br. FDC.

116 — **EXPOSITION maritime internationale du Havre,** 1868. Bustes
de Nap. III et de Nap. IV à g. Argent. 41 ‱. TB.

117 — **NAPOLÉON III.** Tête laurée à g. ℞. Légende : Honneur aux
hommes de cœur, etc. République. Tête à g. ℞. Légende :
convention 21 sept. 1792, etc. 2 pièces. Br. doré. FDC.

118 — **SAINT GEORGES.** Le Saint combattant le dragon. ℞. Le Christ
et les pêcheurs sur le lac de Genesareth. Argent 44 ‱. TB.

119 — **LOT** de monnaies diverses. Argent et Cuivre. 65 pièces.

120 — **LOT** de seize médailles diverses. Br.

121 — **Deux médailles** en br. et **Garde de sabre** ciselée en fonte de
Berlin.

POEMES
ET LETTRES AUTOGRAPHES

WALTER SCOTT
(Romancier Ecossais)
Edimbourg 1771 † Château d'Abbodsford 1832

122 — Poème, à M. Alexandre, sur papier avec timbre armorié portant l'inscription : « Separabit cornua Phaebo. Watch Well. » Ecrit à Abbodsford, le 23 avril, sans indication d'année.
Signé. Une page.

AMPERE (Jean-Jacques)
(Littérateur et historien français,
fils du philosophe André-Marie Ampère)
Lyon 1800 † Pau 1864

123 — Lettre à Mme de Jussieu pour lui exprimer sa sympathie à propos de la maladie de M. de Jussieu et demander des nouvelles.
Signée et datée de Rome, 28 janvier 1857. Trois pages.

124 — Lettre à Mme de Jussieu pour la remercier en son propre nom et au nom de Mme Récamier, d'une invitation à dîner.
Signée, sans date. Une page.

125 — Lettre à Mme de Jussieu pour l'inviter, de la part de Mme Récamier, à une matinée dansante.
Signée, sans date. Une page.

126 — Lettre à M. de Jussieu pour lui recommander M. Goualm.
*Signée et datée, 19 septembre, sans indication d'année.
Deux pages.*

127 — Lettre à Mme de Jussieu pour la remercier d'une invitation
en son propre nom et au nom de Mme Récamier et pour lui
parler de l'état de santé de Mme Récamier.
Signée, sans date. Deux pages.

128 — Lettre à Mme de Jussieu, pour s'inviter à dîner.
Signée, sans date. Une page.

BALLANCHE (Pierre)
(Écrivain français)
Lyon 1776 † Paris 1847

129 — Lettre à Mme de Jussieu pour s'excuser de n'être pas allé
la voir.
Signée et datée, 28 janvier 1835. Une page

130 — Lettre à Mme de Jussieu pour lui recommander Mme Ver-
neuil.
Signée et datée, 23 mars 1835.

131 — Lettre à Mme de Jussieu pour lui donner des nouvelles de
Mme Récamier et l'informer de son installation à Passy.
*Signée et datée, 8 mars 1837. Une page et post-scriptum en
travers.*

132 — Lettre à un ami.
*Signée et datée, 13 janvier 1841. Une page. Trois anno-
tations.*

> Il demande une recommandation pour M. Terme au sujet « de la
> plus grande découverte du siècle ». Il écrit : « Je voudrais que M.
> Terme fut bien persuadé qu'il ne s'agit pas seulement de me rendre
> un service à moi, mais d'en rendre un à la science et j'ose dire à la
> chose publique. » Il fait remarquer que « la navigation à vapeur a
> été d'abord refusée en France » et qu'on a refusé en France la ma-
> chine à filer le lin, alors qu'à l'étranger le nom de M. Girard, l'in-
> venteur, a été donné à une ville.

133 — Lettre à Mme de Jussieu pour lui donner des nouvelles de
la santé de Mme Récamier.
Signée, sans date. Une page.

134 — Billet à Mme de Jussieu pour lui demander un rendez-vous
et lui donner des nouvelles de Mme Récamier.
Sans date.

135 — Lettre à Mme de Jussieu pour l'informer qu'il lui demandera
bientôt à dîner.
Sans date. Une page.

136 — Lettre à Mme de Jussieu pour une invitation de la part de
Mme Récamier.
Signée, sans date. Une page.

137 — Billet à Mme de Jussieu pour décliner une invitation à dîner.
Signé, sans date.

SAINTE-BEUVE (Charles-Auguste de)
(Poète et critique français)
Boulogne-sur-Mer 1804 ; Paris 1869)

138 — Lettre à Mme de Jussieu pour la remercier de ses souhaits
et de ses fleurs.
Signée, sans date. Une page.

139 — Lettre à Mme de Jussieu pour décliner une invitation.
Signée, sans date. Une page et demie.

140 — Lettre à Mme de Jussieu pour décliner une invitation.
Signée, sans date.

141 — Lettre à Mme de Jussieu pour lui recommander Charles
Labitte, collaborateur à la Revue des Deux Mondes et à la
Revue de Paris.
Signée, sans date. Deux pages et demie.

142 — Billet à Mme de Jussieu pour accepter à dîner.
Signé, sans date.

143 — Lettre à Mme de Jussieu pour accepter une invitation à dîner.
Signée, sans date.

144 — Lettre à Mme de Jussieu pour répondre à un billet qu'elle
lui avait envoyé.
Signée, sans date. Une page.

145 — Lettre à Mme de Jussieu, pour lui annoncer sa visite.
Signée, sans date. Une page.

146 — Billet à Mme de Jussieu, pour s'inviter à dîner.
Signé, sans date. Une page.

147 — Lettre à Mme de Jussieu pour accepter une invitation à dîner.
Signée, sans date. Une page.

148 — Lettre à Mme de Jussieu pour décliner une invitation à dîner et lui annoncer sa visite.
Signée, sans date. Une page.

149 — Lettre à Mme de Jussieu pour décliner une invitation à une promenade.
Signée, sans date.

150 — Lettre à Mme de Jussieu, pour décliner une invitation à dîner.
Signée, sans date.

151 — Lettre à Mme de Jussieu pour décliner une invitation à dîner.
Signée, sans date. Une page.

152 — Lettre à Mme de Jussieu pour accepter une invitation à dîner.
Signée, sans date. Une page.

153 — Lettre à Mme de Jussieu pour l'informer qu'il est souffrant.
Signée, sans date. Une page.

154 — Lettre à Mme de Jussieu pour accepter une invitation à dîner.
Signée, sans date. Une page.

155 — Lettre à Mme de Jussieu pour décliner une invitation à dîner.
Signée, sans date. Une page.

156 — Billet à Mme de Jussieu pour l'informer qu'il ira la voir.
Signé, sans date.

157 — Lettre à Mme de Jussieu pour décliner une invitation à dîner.
Signée, sans date. Une page.

158 — Lettre à Mme de Jussieu pour une recommandation.
Signée, sans date. Une page.

159 — Billet à Mme de Jussieu pour introduire une protégée.
Signé, sans date.

160 — Billet à M. de Jussieu pour accepter une invitation à dîner.
Signé, sans date.

161 — Billet à M. de Jussieu pour décliner une invitation à dîner.
Signé, sans date.

162 — Lettre à Mme de Jussieu pour la remercier de ses témoigna-
ges d'amitié et d'intérêt.
Signée et datée, 8 décembre, sans indication d'année.

LAMARTINE (Alphonse de)
(Poète et écrivain français)
Mâcon 1790 † Paris 1869

163 — Pièce en vers inédite, intitulée « Souvenir » adressée à M.
de Jussieu.
*Signée et datée de Milly, 10 décembre 1813. Trois pages et
quelques lignes en prose. Rare.*
> Il rappelle à son ami les charmes du bois de Vincennes, tout en re-
> grettant que ces jardins soient le temple du dieu d'amour.

164 — Lettre à M. de Jussieu pour lui parler de son entrevue avec
Talma et de sa tragédie Saül.
*Signée et datée de Paris 13 octobre, sans indication d'année.
Deux pages.*

165 — Belle lettre à M. de Jussieu, datée de Milly, 1er décembre
1818. Trois pages.
> Il lui vante la solitude, la poésie et se plaint de n'avoir pu réussir
> à rien de ce qu'il avait entrepris. Il engage son ami à vivre dans
> « l'aurea mediocritas ».

166 — Lettre à M. Laurent de Jussieu pour le féliciter de sa nouvelle nomination.
Signée et datée de Mâcon 7 Janvier 1831.

167 — Lettre à M. ou Mme de Jussieu pour demander communi-
cation d'un discours sur la guerre de l'Indépendance devant
lui servir pour défendre à la chambre le traité avec l'Amérique.
Signée et daté de Paris 9 janvier 1835.
> Au verso, un mot de Mme de Lamartine à Mme de Jussieu pour
> inviter ses aimables enfants à venir passer la soirée avec ses petites
> nièces et pour lui apprendre que Lamartine est souffrant.

168 — Lettre à M. de Jussieu, sur papier à son chiffre, pour lui
demander de l'argent.
Signée et datée de Mâcon, 29 juillet 1839. Une page.

LA FAYETTE (Gilbert Motier, Marquis de)
(Général français et homme politique).
Saint Roch de Chavagnac 1757 ; Paris 1834

169 — Lettre à M⁰ Drault, Avocat et Membre de la Chambre des
Députés.
Signée et datée à bord du Cadmus le 13 Août 1824

170 — Lettre à M⁰ Drault pour lui annoncer l'envoi d'une lettre de
recommandation pour un de ses protégés.
*Signée et datée de Paris, 8 Février 1829 — Cachet person-
nel en cire rouge.*

171 — Lettre à M⁰ Drault. Il se met à sa disposition pour recommander ses amis à ses anciens compagnons d'Amérique.
Signée et datée de Lagrange, 15 Novembre 1826.

DENTELLES ANCIENNES

XVIIIᵉ et XIXᵉ Siècle

172 — Quatre mouchoirs, brodés en blanc, Chiffrés C. D.

173 — Trois mouchoirs, brodés en blanc. Sans chiffre.

174 — Mouchoir, brodé en blanc. Chiffré D. A. Volant, dentelle point de Valenciennes.

175 — Mouchoir, brodé en blanc, chiffré L. P. Volant, dentelle point de Valenciennes.

176 — Deux mouchoirs brodés en blanc. Sans chiffre. Petit volant, dentelle point de Valenciennes.

177 — Beau mouchoir, finement brodé en blanc. Sans chiffre. Volant, dentelle point de Valenciennes.

178 — Trois mouchoirs, brodés en blanc et chiffrés C. D. Volant, dentelle point de Valenciennes.

179 — Mouchoir, point de Venise. Sans chiffre.

180 — Mouchoir, volant Duchesse. Sans chiffre.

181 — Mouchoir, point à l'aiguille. Sans chiffre.

182 — Mouchoir, point des Vosges. Sans chiffre.

183 — Mouchoir, en broderie russe. Sans chiffre.

184 — Mouchoir, broderie et Valenciennes.

185 — Mouchoir, point Duchesse.

186 — Mouchoir broderie, volant point de Valenciennes.

187 — Mouchoir, au point de Valenciennes. XVIII° Siècle.

188 — Mouchoir, point à l'aiguille, XVIII° siècle, parfait état.

189 — Mouchoir, point des Flandres.

190 — Mouchoir rond, point d'Angleterre.

191 — Parure, col et manches, point de Valenciennes, XVIII° siècle.

192 — Parure, col et poignets, point de rose, dentelle de Bruxelles.
     XVIII° siècle.

193 — 1 m. 45 de dentelle de 10 cm. environ de largeur, point à
     l'aiguille.

BIJOUX - OBJETS DE VITRINE

194 — Parure, en corail à fleurs, fruits, feuillage et têtes d'anges,
     monture or, comprenant : un broche pendent.f et deux pai-
     res de pendants d'oreilles. Dans son écrin.
     Début du XIX° siècle.

195 — Croix en or et émail.
     Espagne, XVII° siècle.

196 — Collier or à pendants en malachite.

197 — Paire de pendants d'oreilles, en or ciselé et diamants.
     Début du XIX° siècle.

198 — Paire de pendants d'oreilles en argent et strass.
     Fin du XVIII° siècle.

199 — Médaillon rectangulaire, en or ciselé.
     XIX° siècle.

200 — Paire de pendants d'oreilles, en or ciselé et petits diamants.
     Travail étranger.
     Début du XIX° siècle.

201 — Pendentif à bouquet de fleurs polychromes, en soie, emprisonné entre deux verres bombés. Monture argent et strass.
XVIIIe siècle.

202 — Pendentif en or ajouré, de style Renaissance, orné de cinq diamants.

203 — Broche, nœud de ruban, en roses de Hollande et améthyste. Monture or et argent.

204 — Améthyste, en forme de poire, montée en pendant. Monture argent. Petits brillants?

205 — Bague or et strass.

206 — Bague or. Serpent à tête de dauphin et croix.
XVII/XVIIIe siècle.

207 — Bague or, à chaton ovale orné d'une aigue-marine.
XVIIIe siècle.

208 — Deux paires de boucles d'oreilles, à topazes taillées. Monture or.

209 — Boîte à allumettes, en or guilloché.
XIXe siècle.

210 — Croix de guerre portugaise, en bronze doré.

211 — Boîtier de montre, en or.

212 — Bourse en argent.
XVIIIe siècle.

213 — Bracelet flexible. Serpent à tête enrichie de brillants.

214 — Bracelet ancien, or, argent et diamants?

215 — Broche pendentif, en pierres fines de couleur. Monture argent.
XVIIIe siècle.

216 — Boîte en écaille blonde. Au couvercle, portrait de Louis XVI et de Marie-Antoinette, incrustés en métal.
XVIIIe siècle.

217 — Objets omis.

SOUVENIRS DU PREMIER EMPIRE

JOUETS DU ROI DE ROME

218 — Mobilier de salon miniature, en ivoire découpé et ajouré, comprenant :

Une table guéridon, à trois supports en forme de corne de cerf, reposant sur une tablette soutenue par trois pieds à volutes et à feuilles stylisées. Sur la table, en haut relief, une bouteille, un verre et une assiette contenant six fruits polychromes et trois feuilles de vigne au naturel.

Un canapé à cinq pieds, dont un manquant, en pattes de griffon ; au dossier galbé, rinceaux, deux cornes d'abondance et guerrier. Siège orné de rinceaux et d'un personnage lauré jouant de la harpe. Accoudoirs mouvementés à tête d'animal. (Accidents-manques.)

Chaise à dossier légèrement galbé, offrant le buste d'un personnage tyrolien dans des rinceaux. Siège à rinceaux et armoiries. Accoudoirs à tête d'animal, pieds à feuilles stylisées et volutes. Cul de lampe sur le devant.

Un fauteuil à dossier recourbé et à joues, offrant au milieu de rinceaux, au dossier, un cygne, au siège le buste d'un personnage tyrolien. Sur les côtés un oiseau ; cul de lampe sur le devant. (Manque les deux pieds arrières.)

Tabouret de piano à vis centrale et à trois pieds à feuilles stylisées et volutes. Au siège, quatre-feuilles superposés, entourés de volutes.

Tabouret à trois pieds, à feuilles stylisées et à volutes ; dossier en forme de rampe à trois consoles d'appui. Quatre-feuilles superposés au milieu de rinceaux. Vis centrale.

Rectangle, offrant au milieu de rinceaux, une dame de la
Renaissance, couronnée, tenant sur sa main droite fermée,
un oiseau. Au fronton deux cornes d'abondance.

Haut., non compris le fronton : 0 m. 05.
Larg., ... 0 m. 045

Attestation autographe du Comte de Clinchamp en date du 15
mars 1928, certifiant que les jouets décrits ci-dessus ont appartenu
au Roi de Rome.
Ils lui ont été donnés par sa tante l'Archiduchesse Marie Clémentine,
Princesse de Salerne, à qui ils furent rendus, en souvenir, après la
mort du Duc de Reichstadt.
La Princesse de Salerne légua ces jouets à sa dame d'honneur, la
Comtesse Bertha de Clinchamp qui a sa mort les laissa par héritage
au Comte de Clinchamp.

219 — Quatorze fanions et étendards brodés et peints.
Petite armure et casque en acier gravé.
Deux canons de campagne montés sur roues, en bronze
doré, l'un portant le monogramme F. II. et l'autre le mo-
nogramme F. II. dans un soleil gravé.
Un pistolet à pierre, manche ivoire, portant l'inscription :
Nap", Tom" Campanile.
Un petit fusil à pierre, d'infanterie, avec bayonnette, et por-
tant l'inscription : Nap", Tom" Campanile.
Un casque à pointe, en acier, orné sur les côtés de rinceaux
rapportés, en bronze ciselé et doré. Il est entouré d'un galon
ciselé et doré.
Un fût de canon en acier.
Quatorze outils de sapeurs, en acier gravé, tels que : haches,
pioches, pelles, pics, en acier, manches en bois.
Epées d'infanterie et sabres de cavalerie. (7 pièces)
Deux tambours d'infanterie.
Un mortier en bronze ciselé et doré.
Quatre plaques, en acier gravé, dont l'une porte le mono-
gramme M. L., et l'autre le monogramme F. II.
Deux pyramides d'obus en bois.
Deux seaux à balles.
Cor de chasse, en cuivre doré.

Ces jouets appartiennent à Mme Alfred Phillips qui les tient par
héritage de son mari, joaillier de la reine Victoria, comme étant les
jouets du Roi de Rome. Ils lui auraient été apportés d'Italie à Schœn-
brunn, par Marie-Louise au cours d'un de ses voyages. Alfred Phillips les tenait de son père, Robert Phillips, qui les lui confia à sa
mort, en 1880, avec toutes les recommandations que peuvent motiver
des reliques. Les documents permettant de garantir l'authenticité de
ces jouets ont disparu. Cependant cette authenticité ne semble pas
pouvoir être mise en doute, car la parole de Mme Phillips, d'une
part, la nature même des objets d'autre part, et enfin l'existence du
chiffre M.L. relevé sur une pièce — qui correspond au monogramme
de Marie-Louise — et du chiffre F. II. sur plusieurs autres — qui
correspond au monogramme de François II — sont autant de témoi-
gnages en faveur d'une certitude.

OBJETS DE VITRINE

220 — Boite en nacre sculptée représentant, au couvercle, Napoléon devant les pyramides et, au fond, à l'extérieur, un temple. Monture en vermeil.

221 — Splendide boite en or ciselé à rinceaux et mosaïque, offrant au couvercle, sous verre, le portrait ovale de l'Impératrice Joséphine, traité en miniature par Saint, dans un cadre rectangulaire formé par un filet, en léger relief, en émail bleu. Elle porte, gravée à l'intérieur, l'inscription : « Donné par Sa Majesté l'Impératrice Joséphine à M. Ballouhey, 21 octobre 1810. »

M. Ballouhey secrétaire des dépenses de l'Impératrice Joséphine, ne cessa pas un instant de mériter la confiance de son auguste patronne. Elle ne parlait de lui que dans des termes les plus flatteurs ; aussi, quand elle fut obligée de descendre du trône, son premier mouvement avait-il été de le garder en qualité d'intendant général de sa maison ; elle n'en fut empêchée que par des considérations toutes à l'avantage de M. Ballouhey. Mais elle voulut lui donner une preuve de sa haute satisfaction en sollicitant pour lui, une des premières recettes générales dans les finances. Napoléon l'eût accordée sur le champ, s'il n'eût mieux aimé conserver pour la nouvelle Impératrice un homme dont il appréciait si bien la fidélité, les talents et les services.

222 — Petit Ange en ivoire sculpté, attribué à Canova et offert, en 1802, par Bonaparte à Romolino, héritier de la maison de Napoléon, à Ajaccio.

Haut., 55 millimètres.

Il est accompagné de l'attestation autographe suivante, donnée à Paris, le 3 septembre 1844, par Ange Menicca Rossi :
« Cet ange faisait partie d'un cadeau que Bonaparte premier Consul fit en 1802, à Romolino, héritier de la maison d. Napoléon à Ajaccio. Mon beau-frère, dans une de ses visites à la maison de Napoléon, en 1832, s'empara de cet ange et me le donna en 1839. Mon cousin ayant témoigné le désir d'avoir un souvenir du grand homme, je me suis proposé de le lui céder.
Je donne donc à mon cousin, Louis Menicca, Docteur en droit, cet ange en ivoire, dont voici les signes particuliers : posé sur un nuage, sur la jambe droite, ayant un voile qui après avoir couvert la jambe droite et la caisse s'étend le long du nuage, ce voile est soutenu par un ruban qui part du côté gauche et passe par dessus l'épaule, le bras gauche étendu à la hauteur de la tête, son bras droit faisant un angle de 80° et le pouce à la hauteur du menton.
Mon beau-frère croit que c'est Canova qui est l'auteur de cet ange. »

223 — Cercueil de Napoléon 1er en bronze patiné, orné en bronze ciselé et doré, de figures, d'attributs, de couronnes et d'un cartouche à palmettes portant l'inscription « Souvenir ». Il est soutenu par 4 pattes de lion se prolongeant chacune par une feuille stylisée et se terminant près du couvercle à charnières, par une tête de lion. Socle en bronze doré.

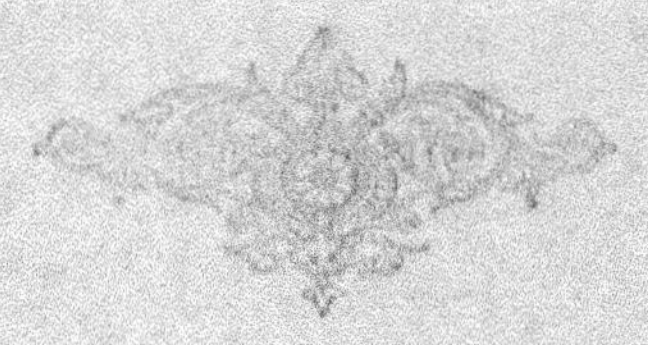

Imprimerie
Guiglion
Cannes